Les images de l'historien

Pierre Vidal-Naquet

Les images de l'historien

dialogue avec
François Soulages

suivi de Humanité et histoire
par François Soulages

les rencontres de la mep
KLINCKSIECK

les rencontres de la mep

collection dirigée par
Jean-Luc Monterosso et François Soulages

ISBN 978-2-252-03634-1

François Soulages : *Je vous ai invité, Monsieur, à ce dialogue pour deux raisons : pour ce que vous êtes et pour ce que vous nous permettez de faire.*

Qui êtes-vous pour nous? Un historien, un homme engagé, une référence. Un historien, de fait particulier dans la mesure où vous êtes à la fois historien de l'Antiquité et historien du temps présent; vous devez donc mettre en œuvre dans ces deux domaines des méthodologies différentes par certains aspects : on ne travaille pas sur Homère et sur une époque vieille de trois millénaires comme on travaille sur un événement proche, par exemple la guerre d'Algérie en train de se faire et la disparition d'Audin datant de quelques jours. Mais, cette position originale peut parfois poser problème à ceux qui attendent d'un chercheur qu'il soit avant tout un spécialiste, quasiment un ouvrier spécialisé dans un domaine unique. Or vous avez plusieurs champs d'étude et de recherche : non seulement la Grèce antique et le temps présent, mais aussi les Juifs et l'Histoire. Vous pouvez donc nous éclairer sur cette pluralité de champs, sur les difficultés qu'elle engendre, sur les fécondités qu'elle induit.

Mais vous êtes aussi un homme engagé, engagé dans son temps qui, comme tout temps, est un temps de crise : vos parents meurent lors de la Shoah, vous êtes suspendu de l'Éducation nationale pendant la guerre d'Algérie; vous êtes engagé dans le temps et vous le payez. Et cet engagement, vous l'articulez à votre travail d'historien — sur le temps présent, sur la démocratie, sur les Juifs, sur l'Histoire.

C'est pourquoi vous êtes pour nous une référence, quelqu'un à qui nous pouvons nous référer pour penser et pour agir. Et nous vous en remercions : nous vous remercions d'être une de nos références, parce que vous articulez positivement science du corps politique et action dans le corps politique.

La deuxième raison de votre présence dans ce dialogue découle donc de la précédente raison qui tient à ce que vous êtes : c'est qu'eu égard à votre triple nature pour nous, vous pouvez nous aider à penser et à agir, vous nous permettez de faire. Vous nous aidez à penser sur l'Histoire bien sûr, mais aussi sur la représentation, sur l'image et sur la photographie; vous nous aidez à prendre position, à nous engager dans la bataille contemporaine des images et des histoires.

Car pour penser l'image, il faut penser l'histoire, et réciproquement; il faut donc penser l'articulation du problème de la politique et du problème de la représentation.

Pour cela, avec Bachelard, Deleuze et bien d'autres, vous nous avez appris qu'il fallait se confronter à des pratiques et des savoirs qui étaient éloignés de notre objet d'origine. Ainsi, pour penser l'image, et en particulier la photographie, il faut se confronter à ce qui ne relève pas de l'image, afin de comprendre ses liens et ses non-liens avec l'image, avec les images, afin d'entendre progressivement un peu mieux la spécificité de l'image ; il en est de même pour l'art : on ne peut grandir dans son intellection qu'en se tournant vers d'autres objets, afin de saisir les écarts, de pointer les spécificités et d'exporter des méthodes et des trajets de recherche et de création théoriques et pratiques. Bref, il faut être pluridisciplinaire et transdisciplinaire, comme vous l'avez expérimenté, comment vous nous l'avez appris. Et cela tient à deux raisons fort simples : d'une part nous sommes aussi — d'abord ? — des êtres multiples, aux multiples centres d'intérêt, immergés dans un monde multiple, et non des isolats coupés de tout et n'ayant qu'un seul objet d'intérêt et d'étude, et non des « monades sans porte ni fenêtre » ; d'autre part le réel est multiple, divers et en devenir. Certes Bachelard a raison de prôner le rationalisme régional, mais c'est, n'oublions pas, pour l'articuler aux rationalismes interrégionaux ; et Bachelard, comme vous, fut au moins double : penseur de l'épistémologie et penseur de la rêverie et de l'imaginaire.

C'est pourquoi ce dialogue s'interrogera à la fois sur l'histoire de vous-même comme chercheur — et ce dans votre pluralité — et sur l'histoire de vous-même comme acteur, comme homme engagé dans notre temps et notre société. Et c'est pourquoi nous serons au moins aussi attentifs à vos interrogations, à vos mises en problèmes, à vos doutes qu'à vos affirmations, qu'à vos mises en système, qu'à vos certitudes. Car le scientifique et l'homme d'action sont comme l'artiste : ils tirent leur grandeur de leurs mises en question, de leurs mises en crise, de leurs mises en cause, et non des dogmes, symptômes de l'illusion, de la faiblesse et de la vanité.

Comme il est de coutume dans ces Dialogues, *nous allons entendre maintenant le texte final qu'a lu le 27 janvier 2006 la précédente invitée du précédent* Dialogue, *à savoir Christine Buci-Glucksmann* [1] *; je remercie cette dernière : son texte est un inédit. Vous pourrez réagir, comme bon vous semble, à partir de ce texte :*

« Si la recherche de l'éphémère devient explicite dans l'art des années 1960 (installations, in situ, *art dans la nature), ce n'est pourtant qu'avec le passage historique d'une culture des objets et des permanences à une culture des flux et des instabilités mondialisée, que l'on voit se développer un nouveau type d'images "post-éphémères" que j'ai appelé images-flux. Véritable signe de société, l'éphémère n'est-il pas devenu une nouvelle modalité du temps à l'époque du virtuel et de la mondialisation ? Éphémère des familles à géométrie variable, éphémère du travail de plus en plus "flexible", éphémère des vies et des identités qui perdent leurs repères fixes, tout révèle une sorte d'accélération du temps, qui déracine les stabilités, en occultant la limite extrême de l'éphémère, la mort. Valorisé par la consommation, les rythmes, les modes de vie ultrarapides et les nouvelles technologies, l'éphémère relève désormais d'une esthétisation du plaisir, qui n'est pas encore une esthétique. Car la culture des flux engendre également ses* scapes, ethnoscapes *et* média-

scapes, *toutes ces formes irrégulières propres à un nouveau travail de l'imagination.*

» Au moment où le passé est de moins en moins analysé par une véritable politique de la mémoire, et où l'on dispose des archives virtuelles des sociétés, il devient primordial d'élaborer une "anthropologie transnationale" qui travaille dans l'entre-deux des cultures, et dans la mise au jour de leurs échanges et articulations. Telle est l'esthétique d'un éphémère post-mélancolique, positif et nietzschéen. Car l'éphémère n'est pas un simple présent informationnel indifférent, mais bien un art du temps, qui en saisit les modulations et en contracte les passages. De la sophistique grecque qui a valorisé le temps opportun, à l'occasion baroque ou à l'impermanence des cultures d'Asie, l'éphémère est un art du passage et de la captation stratégique du temps, qui définit une philosophie et une sagesse de l'existence exposée à sa fragilité.

» Car l'éphémère est toujours, par delà le tragique, promesse de légèreté, de transparence, et de ce matérialisme aérien

qu'affectionnait Bachelard. Comme si le temps des formes laissait place aux formes du temps, au temps comme quatrième dimension de l'art et de la vie, dans une immanence assumée. »

Pierre Vidal-Naquet : Il se trouve qu'*éphémère*, c'est un mot grec et qu'il y a un texte célèbre de Pindare, autour du mot ἐφήμερος, éphémère, qui se termine par « σκιᾶς ὄναρ ἄνθρωπος », c'est-à-dire « l'homme est le songe que fait l'ombre ». Ce qui n'est pas mal, et résume, je crois assez bien, ce que vient de dire Madame Buci-Glucksmann, bien que je ne sois pas aussi calé qu'elle sur l'art de l'éphémère.

Mais l'idée même de photographie consiste à inscrire l'éphémère dans l'éternité, puisque toute photographie est photographie d'un court instant, qui peut être un cinq-centième de seconde, et à le figer en principe pour très longtemps. Il me paraît donc tout à fait légitime que la Maison européenne de la photographie s'intéresse à l'éphémère.

FS : *Et vous, en tant qu'historien, est-ce que vous avez utilisé, comme documents, des photos ?*

PV-N : Bien sûr, je ne vois pas comment on peut faire autrement. Le tout est de savoir ce que l'on entend par *utiliser*. Lors d'un de mes premiers voyages en Grèce, j'ai visité avec ma femme l'Agora d'Athènes. Et sur l'Agora d'Athènes, que les Américains avaient fouillée avant la guerre, il y a une grande borne, avec marqué dessus : « ὅρος εἰμί τῆς ἀγορᾶς », c'est-à-dire « je suis la borne de l'Agora ». Et le premier livre d'histoire grecque que j'ai écrit avec Pierre Lévêque, qui nous a quittés récemment, s'appelait *Clisthène l'Athénien* et avait comme sous-titre *Essai sur la représentation*[2]. Donc c'était quelque chose qui relevait de la photographie, de l'espace et du temps, dans la pensée politique grecque, des origines, du début du VIe siècle, à la mort de Platon. Mon maître, Aymard, a un peu rigolé, parce qu'il a dit que l'espace, c'était le découpage en tribus, avec des trittyes, et que le temps, c'était en somme le temps civique.

D'autres ont dit que l'espace civique, ça n'existait pas : on croit toujours que ça existe, puisque ça consiste à faire tenir dans un même ensemble, un morceau de la ville, un morceau de la plaine et un morceau de la côte. Cela consiste à rapprocher des choses qui ne sont en principe pas rapprochables, créant en quelque sorte une sorte d'unité civique, la tribu qui est différente du gentilice et qui peut même, à la limite, être fixée sur une carte.

Donc là, ça fait appel tout de suite à la notion de représentation et à la notion d'image : ça a commencé par le découpage d'Athènes par Clisthène à la fin du VIe siècle et ça va jusqu'à la mort de Platon, puisque Platon dans son dernier livre, *Les Lois*, a réfléchi sur le rapport entre la cité et l'espace et s'est donné bien du mal pour faire le contraire de ce qu'avait fait justement le fondateur de la démocratie athénienne, qui avait construit un espace civique. Ce qui compte pour Platon, c'est au contraire le temps : c'est le temps qui domine l'espace et non pas l'espace qui domine le temps ; c'est tout à fait différent.

Alors, utiliser l'image, bien sûr.

Je l'ai fait dans mes deux derniers livres, notamment dans *Le Monde d'Homère*[3] qui est un projet gigantesque car je me suis efforcé d'ajouter aux récits une sorte de double de l'histoire par l'image, en travaillant sur plusieurs siècles. Si on trouve les guerriers de l'*Iliade* ou les marins de l'*Odyssée* dans des représentations de l'époque, personne ne vient dire : « Je suis Achille », alors qu'on lit sur un document qui est justement contemporain au moins de l'*Odyssée*, peut-être même de l'*Iliade*, « Je suis la coupe de Nestor ». Et ce document — cette coupe illustrée — on l'a trouvé sur l'île d'Ischia, en face de Naples, où cette coupe se trouve encore ... au musée[4]. « Je suis », c'est l'objet qui parle et qui vous dit « Je suis la coupe de Nestor ».

Ce qui est important quand on écrit et qu'on se préoccupe de l'image, ce n'est pas d'illustrer le texte, mais justement de montrer comment dans un temps indéfini, qui va du temps de la rédaction du texte jusqu'à nos jours — pourquoi pas —, comment on peut doubler, en quelque sorte, l'analyse historique par une mise en forme des images.

C'est ainsi que pour illustrer Homère, j'ai à la fois utilisé des documents qui dataient du VIIIe et du VIIe siècle avant notre ère (par exemple, Ulysse aveuglant le Cyclope en portant avec ses camarades un pieu qu'ils enfoncent dans son œil unique), mais j'y ai ajouté des représentations de l'*Iliade* et de l'*Odyssée* faites par des artistes contemporains. Et, au fil des ans, il va sans dire que l'on n'a pas représenté Hector, Achille ou Ulysse de la même façon.

Ceci permet de montrer que justement nous ne sommes pas uniquement des êtres éphémères, mais que nous avons cette dimension du temps et, en ce sens si vous voulez, je suis avant tout un disciple de Marcel Proust : de même que Proust, en partant de la petite madeleine, fait accéder à l'ensemble du souvenir — quand il marche sur les pavés inégaux, ça lui rappelle Venise et les pavés de l'église San Marco —, de même je pense que l'historien doit utiliser l'image non pas simplement pour illustrer, mais pour avoir une sorte de second registre à côté de celui des textes, celui des images. Et comme on ne peut pas transporter les statues dans un livre, ces images sont fatalement des photographies.

FS : *Est-ce que l'on pourrait dire que les images interprètent le texte, en tout cas interprètent une, voire plusieurs représentations particulières d'un événement, d'une situation ou d'une fiction passés — en particulier, par exemple, pour les images contemporaines de l'*Iliade, *images faites par des artistes contemporains ? Est-ce que vous accepteriez d'utiliser le mot* interprétation *pour éclairer le rapport que les images peuvent avoir avec le texte ?*

PV-N : Mais le texte lui-même est une interprétation : il n'y a pas d'un côté les images qui interprètent et de l'autre le texte qui dit.

Parmi les gens qui m'ont formé, il y a quelqu'un qui a beaucoup réfléchi sur l'image : Jean-François Lyotard, philosophe de son métier. En effet, en 1964, j'avais fait un article sur l'Atlantide qui parut dans la *Revue des Études grecques* : j'essayais de démontrer que l'Atlantide, c'était Athènes et que, lorsque Platon parlait de l'Atlantide qu'il opposait à une vertueuse Athènes, il parlait de l'Athènes du Ve siècle, c'est-à-dire de l'Athènes de Périclès grosso modo. Il s'agissait d'une idée, d'une interprétation. Mais j'avais une faiblesse : celle de croire que cette interprétation était vraie. Lyotard m'a alors dit : « Ah ça, c'est toujours ton vieux fantasme, ton fantasme de la vérité. »

Pourtant je ne crois pas que la vérité soit un fantasme ; je crois que certaines interprétations sont plus vraies que d'autres. Je ne pense pas que nous atteignions la vérité absolue : sur ce sujet, on peut toujours se référer à ce que disait Kant de la colombe dans son libre vol lorsqu'elle oublie qu'elle est supportée par l'air. Mais il n'empêche qu'il y a quelque chose que l'on ne peut pas peut-être toucher, mais dont on peut s'approcher, de façon plus proche que d'autres.

D'une certaine manière, toute ma vie d'historien a été partagée entre deux domaines.

Dans mon travail d'histoire ancienne, j'ai essentiellement travaillé sur la notion de représentation qui inclut l'image, même si elle est plus large. Par exemple, sur la notion de représentation de l'espace et du temps. Cette formule avait un peu choqué mon maître Aymard, qui disait : « Mais enfin, l'espace et le temps, bon d'accord, c'est les tribus et le temps civique. » Ce sont aussi des représentations.

En revanche, dans ma carrière parallèle d'histoire du temps présent, qui a commencé dès le début avec la publication en 1958, quelque temps après *La Question* d'Henri Alleg, de mon premier livre, *L'Affaire Audin*[5], les choses se posent autrement. Par exemple, on a une vérité officielle, à savoir que Maurice Audin, jeune mathématicien, assistant à la Faculté des sciences d'Alger, s'est évadé, vérité officielle que soutiennent ceux qui l'ont détenu et qui apparemment l'ont laissé filé; la question qui se posait était la suivante : Audin s'est-il évadé ou bien est-il mort sous la torture, a-t-il été exécuté?

Il y avait, en gros, deux hypothèses, et deux seulement. Mon travail a consisté à essayer de démontrer que l'évasion était une impossibilité absolue. Il y a un an ou deux, un de ceux qui conduisaient la jeep d'où Audin était censé s'être évadé a dit : « Moi, Audin, je l'ai jamais vu. J'ai vu un monsieur qui avait un passe-montagne sur la tête, et qui, à un moment, a sauté de la jeep. On m'a dit ensuite que c'était Audin. Mais je n'ai jamais vu Audin. » Donc, il s'était passé autre chose. J'aurais pu me tromper — j'aurais absolument pu me tromper — et j'ai vécu, à l'époque, dans cette angoisse. Il s'agissait là vraiment d'une question de faits.

FS : *Votre travail est quasiment un travail de détective.*

PV-N : Oui, c'est un travail de détective, ou de juge d'instruction.

FS : *Ou de juge d'instruction.*

PV-N : Il se trouve qu'il y avait un juge d'instruction, mais il n'a pas fait son travail. Et comme il ne l'a pas fait, il fallait bien qu'on le fasse à sa place, Jérôme Lindon et moi-même.

FS : *Et quand vous travaillez sur des objets beaucoup plus reculés dans le temps que ces objets quasiment contemporains, comme pour l'affaire Audin, avez-vous encore l'impression de faire aussi un travail de détective?*

PV-N: Oui, ça m'arrive. Prenons l'exemple de l'Atlantide. La plupart de ceux qui ont étudié ce problème se sont posés la question : « L'Atlantide a-t-elle existé ? » Question de faits. En 1843, Thomas-Henri Martin, un excellent philosophe disciple de Victor Cousin, a publié une dissertation sur l'Atlantide. La variété des hypothèses était telle qu'il a conclu que l'Atlantide n'a pas existé : elle n'a existé qu'à titre d'objet imaginaire. Parce que l'Atlantide pouvait difficilement à la fois avoir été en Turquie, en Amérique, au Sud de l'Espagne, au Kamtchatka, etc., il a mis côte à côte tout cela et a conclu : c'est donc une réalité imaginaire. Très bien. Mais comment fonctionne cet imaginaire? et c'est l'imaginaire de quoi?

C'est là que je suis intervenu en disant que tout cela est très bien mais que nous avons dans *Critias* de Platon, non pas une seule Atlantide, mais deux cités : une cité qui est Athènes, qu'il situe à peu près neuf mille ans avant

Solon, une Athènes qui obéit à peu près aux lois de Platon. Il y manque en fait une chose : les philosophes au pouvoir. En revanche, à défaut de philosophes, il y a deux dieux : la déesse qui incarne la pensée, c'est-à-dire Athéna, et le dieu de l'artisanat, c'est-à-dire Héphaïstos. Et en jouant sur les deux, on peut remplacer en quelque sorte les philosophes par les dieux.

Et puis il y a une autre cité qui est divisée en dix royaumes. Au début, ces dix royaumes, c'est beau, c'est magnifique, mais avec le temps cela dégénère à toute vitesse et lorsqu'on arrive à la conclusion du dialogue, Zeus décide de détruire l'Atlantide. Au moment précis où Zeus va prendre la parole, le dialogue s'interrompt. Est-il inachevé ou est-il achevé — ce que j'ai plutôt tendance à croire? La question est de savoir que représente cette Atlantide.

Il y a quelque chose qui m'a fait *tilt* immédiatement : cette cité est divisée en dix. Or dix, c'est justement le nombre qui caractérise la cité clisthénienne, qui va donner naissance à la démocratie : elle est divisée en dix tribus et c'est une novation absolue pour l'époque et c'est cela qui est frappant. Cela suggère qu'il y a quelque rapport entre cet État caractérisé par deux choses, d'une part la division en dix, et d'autre part le fait que ça soit une thalassocratie, c'est-à-dire une souveraineté qui s'appuie essentiellement sur l'armée navale, les bateaux, alors qu'Athènes a beau être au bord de la mer, c'est une cité terrienne chez Platon.

D'où cette hypothèse — mais je crois qu'elle s'approche de la vérité — qui fait de l'Atlantide une sorte de figuration de l'Athènes démocratique ; c'est l'Athènes de Périclès. Est-ce que ça avait été trouvé ? Oui. Un nommé Bartoli a exprimé cela dans un livre publié à Paris autour de 1783, dans lequel il dit : « Mais l'Atlantide, c'est une figuration d'Athènes. » Ce qui est amusant, c'est que cette figuration d'Athènes de Bartoli a été complètement oubliée pendant deux siècles. Pourquoi ? Parce qu'on aboutissait à ce résultat bizarre que le combat entre l'Atlantide et Athènes, c'était un combat entre Athènes et Athènes.

Quand j'ai écrit la première esquisse de ce travail, Pierre Lévêque, qui rédigeait avec moi le livre sur Clisthène[6], m'a dit : « Mais enfin, on va arriver à l'absurdité d'une guerre entre Athènes et Athènes! » Et je lui ai alors répondu : « Ce n'est pas du tout une absurdité, c'est précisément une guerre entre Athènes et Athènes, mais entre l'Athènes maritime, celle qui règne par ses bateaux, et qui est l'Atlantide, et l'Athènes selon Platon, celle qui est placée sous la souveraineté directe d'Athéna et d'Héphaïstos. »

Bartoli avait entrevu cela et moi je l'ai vu d'une façon un petit peu plus développée D'autres peuvent rajouter des tas de choses, c'est d'une certaine manière indéfini. Je crois quand même que mon interprétation rend plus justice à Platon que les interprétations de ceux qui disent : « l'Atlantide c'est la Crète minoenne » — comme je l'ai entendu dire à Fernand Robert —, ou : « c'est le Kamtchatka » — comme le disait Bailly [7], qui fut le premier maire de Paris sous la Révolution, etc.

FS : *Je comprends votre position; je comprends aussi pourquoi vous avez même parlé de Georges Perec dans votre livre sur l'Atlantide.*

PV-N : Perec était un homme génial. Perec a pressenti cela : c'est tout à fait extraordinaire, le cas Perec.

Moi j'ai connu Perec comme vendeur à la librairie de François Maspéro, qui s'appelait « La joie de lire ». Je ne savais pas du tout que ce vendeur, Perec, était le grand écrivain Perec. Dans *W ou le souvenir d'enfance*, qui est un récit écrit en partie double, il y a d'un côté ses propres souvenirs d'enfance, et de l'autre, l'histoire d'un continent bizarre qui se trouve à l'ouest du Chili et qui s'appelle W. Or, comment s'appelle la principale fête de ce continent? « Les Atlantiades ».

Il est difficile de ne pas réaliser que Perec avait compris que l'Atlantide c'était en quelque sorte l'empire du mal. Car le W de Perec, qui paraît au début superbe comme l'Atlantide paraissait superbe, ce n'est pas autre chose qu'Auschwitz, où est morte sa mère. D'où l'article que j'ai écrit, qui s'appelle « Auschwitz et l'Atlantide ».

FS : *Vous venez donc de nous montrer votre méthode de travail, et en particulier — ce qui est fort intéressant — l'utilisation que vous faites de photos dans un livre d'histoire afin de nourrir et d'enrichir l'approche historique mise en œuvre dans ce livre. Approfondissons la question à partir de l'étude d'un exemple précis, votre livre,* Le Monde d'Homère *; on y trouve présentées sur la même page des photos de tableaux du XIXe siècle, d'autres de figurines de 540 av. J.-C., d'autres encore de tableaux du Gréco. Comment légitimer, méthodologiquement et épistémologiquement, ce double choix, ce double parti pris, à savoir le fait de mettre des photos du XIXe siècle dans un livre sur le monde d'Homère et celui de mettre ensemble des images représentant des objets d'époques et de natures différentes ? Est-ce que vos collègues historiens ont été surpris voire choqués ou bien au contraire conquis ? Quelles furent leurs remarques face à votre décision, pour faire comprendre le monde d'Homère, d'utiliser des reproductions d'œuvres d'art faites plus de deux mille ans après l'époque d'Homère, sachant que votre travail est un travail d'historien et non un travail de vulgarisateur ou de communiquant ? Certains ont-*

ils parlé de risque d'anachronisme? Bref en quoi une époque donnée peut-elle être mieux comprise si l'on fait référence — parfois iconographiquement — à une autre époque donnée?

PV-N : Mais, parce que ça me paraît s'imposer, dans la mesure où le monde d'Homère ne se limite pas à Homère. Si on veut se limiter à Homère, on peut essayer et chercher par exemple les traces à Ithaque du trésor d'Ulysse. En Grèce, il y a deux îles contemporaines qui se disputent la gloire d'avoir été Ithaque — de même que onze cités se disputaient le fait d'avoir donné naissance à Homère.

Lorsque je suis allé à Céphalonie avec Laurent Schwartz, on nous a expliqué, par tous les moyens possibles et imaginables, que l'actuelle Ithaque était une misérable petite chose et qu'il suffisait de lire l'*Odyssée* pour retrouver tous les détails du séjour d'Ulysse à Ithaque… à Céphalonie. La difficulté, c'est que le nom de l'Ithaque moderne, Itháki, dérive incontestablement du nom d'Ithaque, et que par conséquent c'est plus proche probablement de ce à quoi pensaient les aèdes qui ont composé l'*Odyssée*.

Ceci dit, on ne pourra jamais coller tout cela, en photos, au cinéma, en disant : « Voilà ce que fut le voyage d'Homère. » J'ai un éminent collègue qui estime avoir refait récemment le voyage d'Ulysse : il s'agit de Jean Cuisenier qui a été directeur du musée des Arts et traditions populaires. Je le laisse à sa satisfaction d'avoir fait le voyage d'Ulysse [8], mais je ne crois pas qu'Ulysse soit atteignable.

FS : *Il y a un livre, paru il y a quelques années, qui a été le fruit d'une commande du Théâtre de la photographie et de l'image de Nice, consacré justement au voyage d'Ulysse [9]. On a demandé à quatre photographes de faire des photos qui seraient en écho au voyage d'Ulysse. Être en écho, est-ce interpréter ou bien s'inspirer, faire une œuvre d'art à partir d'une autre œuvre d'art — l'art puissance deux? L'interprétation de l'historien peut-elle être comparée alors à celle d'un metteur en scène qui interprète une pièce de théâtre, à celle d'un photographe qui interprète un texte poétique?*

PV-N : Beaucoup ont eu la même demande. Victor Bérard, par exemple, a illustré son interprétation personnelle de l'*Odyssée* qui l'amène jusqu'à la côte marocaine. Il a sollicité un excellent photographe et nous avons un recueil magnifique de ses très belles photos.

Mais il y a un détail auquel il n'a pas pensé : dans le texte même d'Homère, on distingue clairement trois zones : le monde que l'on peut dire réel, qui commence à Troie et finit à Ithaque, en passant par le Sud du Péloponnèse ; puis, après le passage du cap Mallée — au Sud du Péloponnèse —, Ulysse s'enfonce dans un monde où il y a des géants, comme les Cyclopes ou les Lestrygons, monde dont la caractéristique est qu'on n'y mange pas le pain. Pour Homère, le monde réel est celui où l'on mange le pain ; mais chez les Lestrygons, qui harponnent les voyageurs avec leurs grands harpons, et sont cannibales et en enfer, chez Hadès, on ne mange pas de pain. Enfin, il existe un sas qui permet d'aller dans ce monde de l'imaginaire et d'en sortir. Ce sas, c'est l'île de Phéacie. Pendant toute l'Antiquité, on a dit que l'île de Phéacie correspondait à

Corfou. C'est parfait : Corfou n'est pas loin d'Ithaque et le navigateur Ulysse est porté de là à Ithaque. Mais cela dit, c'est un sas en ce sens que, d'un côté ça rejoint le monde de l'imaginaire, et de l'autre, ça peut déboucher sur le réel.

Voilà les trois mondes entre lesquels se partagent les voyages d'Ulysse. Alors, on peut raconter tout ce que l'on voudra, on ne trouvera jamais la grotte de Calypso.

FS : *Quand vous travaillez sur le XX*e *siècle, est-ce que vous utilisez la photo comme document, afin de réfléchir, afin d'avoir un autre type de source d'interrogation, de questionnement, de remise en cause ou d'avancée ? Je ne parle pas ici de l'usage de la photo dont nous avons parlé pour un livre d'histoire et qui cherche, entre autres, à illustrer, et ce au sens critique et productif.*

De plus, comment vous situez-vous, épistémologiquement et moralement, face à toute la réflexion qui a eu lieu autour de la Shoah et de l'irreprésentable, de la photographie et de la représentation de l'extermination dans les camps d'extermination ? Quelle est en effet votre position face à la fois à l'utilisation de l'image et à la mise en image ?

PV-N : Il existe des positions extrêmes là-dessus. Claude Lanzmann, par exemple, a écrit et dit que s'il trouvait un film représentant une chambre à gaz en action, il le détruirait aussitôt. Je trouve qu'il charrie, pour dire les choses comme je les vois. Ce qui est vrai, c'est que dans son film, *Shoah*, que je tiens pour un chef-d'œuvre — je dis les choses —, il fait parler sur le passé à partir du présent. Le seul document d'époque qu'il utilise, c'est un document sur les camions qui gazaient les gens sur place, notamment autour de Chelmno. Cela dit, il est évident que, quelle que soit l'approche que l'on a, on est toujours d'une certaine manière dans la représentation.

Pour moi, il y a un très grand écrivain qui a su parler de tout cela : Primo Levi. Comment a-t-il fait ? Il est parti d'une extraordinaire métaphore : le chant d'Ulysse. Dans *Se questo è un uomo*[10], il raconte comment il a décidé d'expliquer à un personnage appelé Jean le

Piccolo, un Français, *La Divine Comédie.* Il part du chant d'Ulysse, dans lequel Dante et Virgile rencontrent Ulysse à un endroit de l'enfer. Ce dernier raconte comment, après être rentré chez lui, il a été attiré vers une montagne qui était très, très loin vers le sud, et qui s'identifie très clairement avec le Purgatoire de Dante. Là, son bateau heurte un écueil et la mer l'engloutit.

Cette mer qui engloutit Ulysse, dans Primo Levi, c'est aussi la disparition des hommes dans la Shoah.

FS : *Dans une page de votre livre* Le Choix de l'histoire [11], *vous dites quelques mots sur le révisionnisme. Faurisson fut votre camarade de khâgne; vous parlez à propos de ces thèses de délire et de l'incapacité à comprendre. Je lis le passage :*

> *« Ce qui m'a alors terrifié, au même titre que les mensonges officiels en 1957 [dont on parlait tout à l'heure], ce n'est pas le fait qu'un clown comme mon camarade de khâgne, Robert Faurisson, s'amuse à chercher le scandale au sujet des chambres*

à gaz, comme jadis au sujet de Rimbaud, mais qu'un ancien camarade de lutte, comme Serge Thion, après avoir déliré sur les Khmers rouges, se mette à écrire que les chambres à gaz n'avaient pas existé, puisque les Khmers rouges n'avaient pas massacré leur propre peuple. Il est vrai que le puisque *est de moi, non de lui, mais il fait partie du droit qu'a l'historien d'interpréter. »*

Pourriez-vous approfondir cette remarque ?

PV-N : Faurisson, j'ai été bizuté par lui ; c'était un homme extrêmement désagréable et je n'en ai pas gardé un bon souvenir. Cela dit, c'était effectivement un clown, comme disait Léon Poliakov. Ce qui est grave, ce n'est pas que Faurisson délire ou que tel collègue, dans une université américaine — Arthur Butz —, écrive un gros livre pour démontrer que tout ça n'a jamais existé [12]. Non, ce qui m'a paru grave, c'est lorsque Serge Thion — que j'ai connu vers la fin de la guerre d'Algérie —, que je tenais pour un camarade de lutte, est venu chez moi, guidé par Paul Thibaud (qui ne croyait pas un mot d'ailleurs de ce que disait Serge Thion), pour m'expliquer que les arguments de Faurisson sont sérieux.

Et ce qui est tout à fait extraordinaire, c'est que pendant toute la discussion (il s'agit de la dernière fois où j'ai vu Serge Thion), je n'ai cessé de lui dire : « Quand les gens arrivaient à Auschwitz, on les divisait en deux. Ceux qui étaient inscrits dans le camp et ceux qui disparaissaient. Où allaient ceux-là ? » Lassé, il m'a répondu : « Tu veux un exemple ? Simone Veil. » Il parlait de Simone Jacob, devenue Simone Veil, la ministre. Alors, effectivement, dans le calendrier d'Auschwitz, il y a une erreur, qui a été fait par une historienne polonaise [13] : il est écrit que les gens du convoi dont faisait partie Simone Veil n'avaient pas été divisés en deux. Quand bien même cela serait vrai, ça ne change rien au fait que, pour tous les autres convois, nous avons précisément la liste de ceux qui sont inscrits dans le camp et des autres dont il ne reste plus rien. C'est là le point nodal.

Alors, un autre fou, qui s'appelle Pierre Guillaume, et qui est le chef de la secte révisionniste, négationniste, dit : « Mais où ils allaient ? Ils allaient à Kosel. » Mais qu'est-ce que c'est que Kosel ? C'est le nom allemand de Kielce. Pour quoi y faire ? Personne n'a de trace de ça. Et on retombe toujours sur ce problème ; que devenaient les gens qui n'étaient pas inscrits dans le camp ?

Quand on lit le témoignage du médecin d'Auschwitz, Kremer, on s'aperçoit qu'il parle d'actions qu'il nomme « actions spéciales ». Et ces actions spéciales se font par exemple sur des gens qui viennent de Hollande. Lorsqu'il a été interrogé, on lui a demandé : « qu'est-ce que vous appelez "actions spéciales" ? » « Actions spéciales, c'était la sélection, où l'on divisait les gens en deux. Ceux qui étaient inscrits dans le camp et ceux qui étaient gazés. » C'est bête comme chou, si j'ose dire, mais c'est une évidence absolue. Et ça, Faurisson, Thion et compagnie n'ont jamais voulu l'admettre.

Alors mon interprétation est que Thion a été de ceux qui s'étaient très fortement engagés dans la lutte contre la guerre américaine au Viêtnam, et que, en particulier, il avait soutenu les Khmers rouges. Or, ces derniers se sont révélés être d'abominables assassins, qui ont déportés tous les habitants de Phnom Penh et les ont laissé ensuite mourir de faim, de froid ; il s'est passé des choses absolument horribles. Ils en étaient d'ailleurs fiers : lorsque ma femme et moi sommes allés à Phnom Penh, nous avons vu le musée où il y a les photographies, qu'ils prenaient eux-mêmes, des gens qu'ils sélectionnaient, qu'ils torturaient, dans un endroit qui s'appelle Tuol Seng. Si on nie ce génocide-là, si on nie que ce soit un génocide, il vaut mieux nier tous les génocides. Alors comme cela, on restaure sa confiance en soi : et à mon avis, c'est ce qu'a fait Serge Thion.

Faurisson c'est autre chose : c'est un clown, et il est tellement clown que j'ai eu la chance une fois de le prendre en flagrant délit dans un article du *Monde*. Il a expliqué que Massada n'était qu'une légende juive, qui raconte que les Juifs, cernés par les Romains, se sont tous entre-tués de façon qu'il ne reste plus personne lorsque les Romains sont arrivés. Cela, c'est ce que nous raconte Flavius Josèphe.

Or, le site de Massada a fait l'objet de fouilles : on peut distinguer un rempart et certains pensent même qu'on a trouvé les jetons du tirage au sort. Je ne suis pas sûr que ça soit vrai, mais en tout cas l'existence de Massada comme lieu de fortifications, comme théâtre d'un siège — on voit les traces des corps humains qui encerclent le site —, est une évidence aveuglante. Or Faurisson d'écrire tranquillement : « Quand on a fait les fouilles, on s'est aperçu que tout ça n'avait jamais existé, qu'il n'y avait pas eu de siège, que c'était une légende juive complète. » Là, il est allé un tout petit peu trop loin : j'ai donc raconté tout cela dans un article du *Monde* et, chose curieuse, depuis, je n'ai plus entendu parler de Monsieur Faurisson. Plus jamais.

FS : *Et cela explique que dans le passage que j'ai lu là tout à l'heure, vous écriviez : « Il fait partie du droit qu'a l'historien d'interpréter. » Ainsi, vous interprétez quand vous rapprochez la position de Serge Thion sur la Shoah et celle qu'il a sur les Khmers rouges. L'historien a-t-il le droit ou le devoir d'interpréter ? Peut-on lui reprocher l'exercice du droit d'interpréter ?*

PV-N : Ah non, on a le droit d'interpréter.

FS : *Pouvez-vous développer votre théorie de l'interprétation qui, loin d'être pour vous disqualifiée par un quelconque subjectivisme ou relativisme, semble être la condition même d'une meilleure approche et d'une plus grande compréhension d'une réalité (passée) ? N'est-il pas, à ce propos, étonnant que Freud utilise la notion d'interprétation à la fois pour éclairer le travail du psychanalyste avec, par exemple, l'interprétation des rêves ou des symptômes, et pour décrire une des caractéristiques de la paranoïa, à savoir le délire d'interprétation ?*

Dépassons le cas individuel et particulier de Serge Thion : quel est, en général, la cause du délire interprétatif face au délire réel des Khmers rouges ? Comment peut-on nier qu'il y eut horreur ? Je sais que je vous pose une question difficile, parce qu'il est peut-être impossible d'y répondre. À quoi est donc dû ce délire, ce refus de reconnaître ce qu'on pourrait appeler l'évidence ? Mais le mot évidence *est très simplificateur : qu'est-ce qu'une évidence ? Une évidence pour être fondée en raison n'est jamais immédiate, mais, si elle a lieu, elle est le résultat d'une série articulée et démontrée de médiations fondées rationnellement.*

Bref comment se fait-il qu'un certain nombre de gens puisse ne pas reconnaître telle ou telle démonstration rationnelle d'un fait ? Qu'est-ce qui se joue derrière ce déni de la réalité ? Quelle dénégation agite et nourrit ce déni ?

En d'autres termes, pourquoi certains sujets préfèrent-ils croire plutôt que savoir, affirmer plutôt que douter, nier plutôt que (re)connaître ?

PV-N : C'est le cas de Noam Chomsky. C'est un cas très grave. Il s'agit de quelqu'un qui avait lutté contre la guerre américaine au Viêtnam — et à mon avis il avait raison de le faire — et qui, quand François Ponchaud a publié son livre [14] sur les résultats de ce qu'avaient fait les Khmers rouges, s'est mis à discuter sur des points de détails pour dire : « Là peut-être qu'il exagère, c'est peut-être pas si grave que ça ! »

Cette réaction a fait très mauvaise impression, parce qu'être capable de condamner ce qu'ont fait les Américains au Viêtnam — et qui a été une catastrophe —, et ne pas voir que l'ennemi que l'on combattait pouvait aussi pratiquer des politiques d'anéantissement, c'est ne pas accepter de rester cohérent avec soi-même. C'est comme de dire : si les Khmers rouges sont des communistes, ils ne peuvent pas avoir fait ce qu'on les accuse d'avoir fait. Là, il y a une question très grave, une question de délire.

FS : *C'est-à-dire qu'une croyance, des présupposés, une volonté de non voir, une incapacité qui fait que...*

PV-N : Chomsky n'est pas allé jusque-là. Ce qui fait que je connais des gens qui disent que Chomsky est un infâme personnage, parce qu'il ne reconnaît pas que le génocide nazi n'a pas existé. Il y a une dame qui est agrégée d'histoire et qui a soutenu cette étrange théorie.

FS : *Si vous le voulez bien, abordons autrement les questions relatives au travail de l'historien. Revenons à l'histoire par le biais de vos maîtres, c'est-à-dire des gens qui vous ont marqué; remarquons, au passage, que le mot* maître *d'ailleurs est un mot que vous affectionnez et que vous utilisez beaucoup — lors de ce dialogue vous l'avez déjà utilisé plusieurs fois.*

Vous auriez donc, d'après vous, subi deux influences, mieux, été enrichi par deux groupes distincts de chercheurs : d'un côté, Marrou, Vernant, Will, et de l'autre côté, Finley, Momigliano et Lévi-Strauss.

Commençons par Marrou. Je me suis rappelé, en travaillant votre œuvre, que Marrou avait deux noms, comme vous le savez, comme vous le rappelez souvent : à la fois Marrou pour ses travaux historiques et Davenson notamment pour ses écrits sur la musique, cela étant dû au fait que, quand il était allé en Italie, dans l'Italie fasciste, il voulait pouvoir se laisser une possibilité d'écriture libre, totalement libre; d'où son surnom. Cette séparation des deux noms, cette possibilité d'avoir deux noms, montrait que Marrou n'était pas qu'un historien ou qu'un universitaire, il était un combattant, un homme engagé, comme il l'a manifesté toute sa vie.

Ce type de double vie — celle du chercheur et de l'universitaire et celle de l'homme engagé dans des combats et pour des causes —, vous l'avez eu aussi : sous la forme non pas d'une schize, mais de deux vies en une, donc d'une vie articulant deux types d'activités. Avec cette spécificité qu'une partie de votre vie militante et engagée s'appuyait souvent directement sur vos travaux d'historien du temps présent — et sûrement indirectement aussi sur vos travaux d'histoire ancienne. Cette articulation de la vie militante et de la vie de chercheur correspondait donc à l'autre articulation beaucoup plus rare — à l'image de Marrou — de la pratique de l'histoire ancienne et de celle de l'histoire du présent.

Au point que l'on peut se demander si vous n'auriez pas pu, comme Marrou, prendre un surnom pour la vie militante et le travail de l'histoire du présent. Cette question pointant le problème personnel, épistémologique et institutionnel qu'il y a à mener de front deux activités différentes en même temps — l'institution, et notamment l'institution universitaire, appréciant plus les spécialistes dans un domaine que les chercheurs militants travaillant sur plusieurs domaines.

Bref avez-vous été tenté de prendre un surnom ?

PV-N : Pas du tout. Je me souviens que quelqu'un m'a un jour dit : « Vous devriez prendre comme nom de plume "Pierre Vehenne". » C'était très drôle mais en fait, si j'avais eu à choisir un pseudonyme, c'est pour les travaux d'histoire ancienne que je l'aurais fait, mais jamais pour les travaux d'histoire contemporaine. Parce que ces travaux n'avaient de sens et de valeur que s'il y avait derrière quelqu'un qui les assumait et c'est pourquoi je n'ai pas songé à cela.

Il m'est arrivé une fois de signer dans l'*Observateur* d'un pseudonyme parce qu'il y avait un homme, qui était à l'époque communiste, qui commençait à être critique — il s'appelait Michel Couser — qui répandait un peu la terreur : il exigeait que les textes du comité Audin soient vus par tout le comité et par conséquent, quand je signais Pierre Vidal-Naquet, il demandait à voir et à contrôler.

J'ai donc signé un jour un article, dans le *France Observateur*, du nom de Louis Arnal, qui était un pseudonyme qui servait à quelque chose. D'autres, dans l'*Observateur*, usaient de ce procédé : Pierre de la Gorce, par exemple, qui signait Édouard Roermont. Il y avait d'une part Monsieur de la Gorce, qui était un distingué gaulliste, et d'autre part Roermont qui écrivait dans l'*Observateur* et passait pour dicter ses articles depuis le PC du général Challe. Quand je l'ai interrogé là-dessus, il a formellement démenti. Mais c'est ce qu'on disait à l'*Obs*.

Michel Rocard, par exemple, signait Michel Rocard comme inspecteur des Finances, mais Michel Servet quand il faisait de la politique — il signait ainsi parce que Servet était un hérétique protestant qui avait été brûlé par Calvin.

FS : *Hier, au niveau de la méthodologie ou des concepts, que vous a appris Marrou ? Et aujourd'hui, en quoi êtes-vous encore marqué par lui ?*

PV-N : Je lui ai un jour écrit que j'avais appris à lire avec l'*Histoire de l'éducation dans l'Anti-*

quité; c'est un livre qui reste magnifique et n'a pas vraiment pris de rides. Il y a cependant des gens que Marrou choque, qui le considèrent par exemple comme un terrible idéaliste parce qu'il met au centre de l'éducation hellénistique la notion de personne. Ce qui rappelle qu'il était proche d'Emmanuel Mounier et de la notion de personnalisme.

Ce qui m'a intéressé chez Marrou, c'est justement qu'il a été quand même un homme double : il a été à la fois un théoricien de la civilisation et un théoricien de la musique, et un homme qui était un historien, qui pratiquait, qui était un tâcheron, comme il disait : « Je suis un honnête tâcheron. » C'est ça Marrou. Puis il y a le côté Davenson, le côté théoricien de la civilisation, auteur du *Traité de la musique selon l'esprit de saint Augustin*, etc.

L'autre personnage qui m'a beaucoup marqué, c'est évidemment Jean-Pierre Vernant. Il a été la chance de ma vie. En 1960, j'ai signé, comme lui, la « Déclaration des cent vingt et un », un manifeste qui respectait, jugeait et justifiait le refus de prendre les armes contre le peuple algérien. C'est du reste une déclaration que je signerais encore, bien qu'elle comporte une chose très fausse : on peut lire au début de ce texte : « Un mouvement très important se développe en France. » Ça racontait quelques histoires un peu abracadabrantes, on parlait de trois mille déserteurs, ce qui n'a jamais existé... quelques centaines, tout au plus. Toujours est-il que j'ai été suspendu pour cela et que ça m'a permis — ça a été la chance de ma vie — de suivre ainsi, régulièrement, le séminaire de Vernant, parce que je n'avais plus de cours à faire à Caen et que je pouvais donc tous les lundis, au lieu de préparer mes cours pour le mercredi et le jeudi, aller tranquillement chez Vernant qui, lui, n'avait pas été suspendu bien qu'il ait aussi signé la « Déclaration ». Et ça a été la révélation.

FS : *Le 17 juin 2004, Jean-Pierre Vernant a participé ici au deuxième* Dialogue *de la Mep : quel esprit et quel homme, quel savant et quel homme profondément engagé, dans la Résistance entre autres !*

Qu'est-ce qui vous a le plus frappé et marqué chez Vernant ? Est-ce le savant, l'homme d'action ou bien l'articulation des deux? Et chez le savant, est-ce son approche quasiment structurale? Est-ce sa conception de la recherche? Est-ce le fait qu'à son séminaire il y avait des chercheurs qui venaient de mondes théoriques extrêmement différents, de disciplines apparemment éloignées?

PV-N : Oui, il y avait ça, mais il y avait surtout son éloquence prodigieuse. Il y avait aussi le fait que, lorsque vous faisiez un exposé devant Vernant et qu'ensuite il le reprenait, on se disait : « Mais, je suis donc intelligent, puisque Vernant a compris ceci et cela dans ce que j'ai dit. J'ai donc compris quelque chose, mais lui l'a compris encore mieux que moi. »

Et c'est ce qu'il a fait dès le premier exposé que j'ai fait chez lui — un exposé que je n'ai jamais publié —, qui était sur le temps dans la tragédie grecque. Alors c'était l'époque où il écrivait son premier livre, sur le...

FS : ... *les origines de la pensée grecque?*

PV-N : Les origines de la pensée grecque.

Je lui ai dit un jour qu'il me faisait penser au Faust de Valéry. Dans *Mon Faust* de Valéry, quelqu'un dit à Faust : « Mais vous, on dirait que jamais la parole ne manque à vos pensées. Et que, toujours pur, toujours armé de ce qu'il faut de rigueur, soutenu de ce qu'il faut d'harmonie pour exciter les contraires dans les esprits, à la jouissance des forces et des clartés qu'ils possédaient sans le savoir, ces théoriques paroles ne s'en prennent jamais qu'à l'inexprimable, et le réduisent toujours à ses desseins » : voilà ce qu'était Vernant pour moi. Ça le faisait rire — il n'aime pas beaucoup Valéry —, mais Valéry a marqué ma jeunesse. Je sais encore « Le cimetière marin » par cœur, c'est comme ça.

FS : *Et Lévi-Strauss ? Vous avez découvert Lévi-Strauss, son œuvre dans les années 1960 ?*

PV-N : Oui, Lévi-Strauss, je l'ai lu pendant un été : j'ai lu tout ce qu'on avait publié de lui à l'époque : *La Pensée sauvage, Tristes tropiques, Le Cru et le Cuit...*

FS : *« Anthropologie structurale »…*

PV-N : *Anthropologie structurale*, le premier volume, pas encore le tome deux. Je me suis mis à penser en termes d'opposition binaire et c'est l'époque où j'ai écrit mon premier article structuraliste, « Le chasseur noir », qui a donné ensuite son titre à mon livre, *Chasseur noir. Formes de pensée et formes de sociétés dans le monde grec*[15]. C'était une réflexion sur l'éphébie athénienne et j'ai fait une communication aux *Études grecques*, intitulée « Le chasseur noir, ou l'origine de l'éphébie athénienne » : il n'y a pas eu une seule question ! Une des interrogations que je posais, c'est pourquoi les éphèbes athéniens portaient des chlamydes, c'est-à-dire des manteaux noirs ? Et Chamoux a dit, en riant beaucoup, à son voisin : « La question qui se pose est de savoir pourquoi les curés sont habillés en noir, les séminaristes sont habillés en noir. » Cela montrait qu'il n'avait rigoureusement rien compris, ce dont d'ailleurs je n'ai jamais douté.

FS : *Et Édouard Will, le …*

PV-N : Édouard Will a été pour moi comme Finley : une sorte de principe de réalité. Je ne veux pas dire par là que Vernant a été le principe de plaisir — bien qu'il y ait un peu de ça —, mais Édouard Will ,c'est un historien rigoureux, qui songe à classer les choses et qui a écrit deux livres fondamentaux : *Korinthiaka*[16], un grand livre sur les origines, les débuts de la cité de Corinthe, la tyrannie des Clypsélides, et une *Histoire du monde hellénistique*[17], histoire politique du monde hellénistique, qui est une sorte de chef-d'œuvre.

Je l'ai connu dans les circonstances suivantes : sans l'avoir jamais vu, il se trouve que j'avais lu tous ses travaux et qu'un jour j'ai eu sa fille comme agrégative — elle ne s'était pas présentée — et j'ai fait l'éloge d'Édouard Will. Il s'est aperçu alors que je n'avais pour lui aucune sorte de mépris, parce que sa fille s'est empressée de raconter ce que j'avais dit sur lui.

Un jour, je lui ai écrit, à propos de son *Histoire du monde hellénistique*, qu'il y manquait quelque chose : une réflexion sur ce qu'est la politique dans le monde hellénistique.

Il m'a répondu quelque chose qu'il résume lui-même ainsi : « Viens donc ici, pour voir si tu es un homme. » Et je lui ai fait la critique de son livre, en sa présence, à Nancy. Ensuite, lorsque la possibilité a été donnée par le gouvernement Mauroy de soutenir sur travaux, j'ai demandé à Édouard Will d'être mon rapporteur. Il a constitué un jury et il a donc été officiellement mon directeur de thèse, mon directeur de thèse sur travaux.

FS : *Je vois que l'heure tourne; donc vous avez cité Finley, Momigliano, je voulais aussi aborder avec vous…*

PV-N : Ce que m'a apporté Momigliano, c'est la dimension historiographique. Il a fait des travaux directs sur la Grèce et sur Rome ; mais ce qui constitue son œuvre capitale, si vous voulez mon avis, c'est comme historien de l'Histoire. Un homme qui peut écrire un gros article comme « Polybe et les Turcs » est évidemment un personnage assez particulier, et c'est pourtant ce qu'il a fait. Je ne l'ai pas vu pendant un long moment, mais tout de suite, il s'est intéressé à moi, il m'a envoyé un paquet de tirés à part, et puis avec Claude Mossé, ma cousine collègue — cousine, ça remonte au XVIIIe siècle —, on est allés le chercher à la gare Saint-Lazare, ou à la gare Montparnasse je ne sais plus, enfin à la gare qui venait d'Angleterre, et on l'a emmené à la gare de Lyon, pour qu'il prenne le train pour Pise. À ce moment-là, on a commencé à bavarder et il m'a passionné ; il a été mon maître en ce sens que c'est lui qui m'a appris l'histoire de l'Histoire. C'est-à-dire que nous ne collons jamais directement aux faits eux-mêmes, mais que nous les voyons à travers toute une épaisseur temporelle. Marrou aussi a compris cela, bien sûr.

FS : *Je voudrais citer encore quelques noms : Castoriadis, Lyotard, bien sûr votre ami Malamoud.*

J'aurais voulu aussi vous interroger, mais ce sera pour une autre fois, sur les différences entre l'approche historique et l'approche philosophique : quelles différences y a-t-il entre travailler en historien et travailler en philosophe sur un même philosophe — je pense bien sûr à Platon ? En quoi ces deux approches sont-elles fondamentalement différentes ? En quoi peuvent-elles s'enrichir mutuellement ? Vous nous avez déjà éclairés ici à ce sujet.

J'aurais aussi voulu vous interroger sur le « plaidoyer pour une Histoire libre », qui pose un vrai problème et montre que vous êtes engagé, en ce moment, dans cette question aux enjeux épistémologiques et politiques fondamentaux. J'aurais voulu reprendre un article que vous avez publié il y a un mois dans Le Monde *pour vous interroger sur vos interventions dans le temps présent qui est toujours aussi un temps politique, donc risqué.*

Mais à défaut de pouvoir dialoguer des heures sur une pensée et une vie, je vous orienterai vers une question particulière : celle de la démocratie. Vous avez écrit de nombreux livres sur la démocratie en Grèce, vous avez réfléchi beaucoup à la démocratie en général et vous vous êtes engagé, comme on l'a compris, dans un monde où souvent la démocratie a été en péril, où plusieurs fois elle a même prodigieusement reculé ; vous l'avez vécu dans votre chair et dans la chair de votre famille. Alors, cette démocratie, Vernant et vous-même, vous indiquez bien qu'elle est liée, d'une certaine manière, à la philosophie. Et Castoriadis nous a appris que les tragédies grecques n'auraient pas été ce qu'elles sont sans la démocratie. Alors, est-ce que vous pourriez...

PV-N : La tragédie athénienne.

FS : *Oui, vous avez raison de préciser : la tragédie athénienne.*

PV-N : Parce que si on parlait de la tragédie grecque, il se fâchait et il disait : « La tragédie, c'est une affaire d'Athènes. »

FS : *Effectivement. En quoi, d'après vous, la tragédie athénienne est-elle liée à la démocratie ?*

PV-N : En quoi consiste une tragédie ? Elle consiste à convoquer un héros qui vient du passé, Ulysse, Philoctète, Agamemnon, à le mettre en scène, à le mettre en scène devant le peuple tout entier et à montrer que sa solitude héroïque le conduit à la catastrophe, à la mort. Agamemnon marche sur un tapis de pourpre que son épouse, Clytemnestre, met sous ses pas ; et cela est suivi par son égorgement, dans la salle de bain où il est censé se délasser.

Le ressort tragique, c'est la confrontation du héros capté dans le passé, mais présenté au public athénien tout entier, avec même des femmes — ce qui était peu commun en Grèce ; les femmes avaient le droit d'assister à la tragédie : la preuve, c'est que certaines avaient été tellement effrayées par les Érinyes, qu'elles ont fait des fausses couches ; c'est une des seules preuves que nous ayons, mais elle est difficilement récusable.

Bref, la tragédie, pour moi, a été quelque chose de tout à fait fondamental, parce que, dès la fin de la guerre, pendant laquelle j'avais vécu d'une certaine manière une tragédie, je me suis dit, qu'un jour ou l'autre, j'écrirai un livre sur la tragédie.

Et j'en ai écrit plusieurs : deux avec Vernant et un troisième, publié il y a trois ans, *Le Miroir brisé. Tragédie athénienne et politique*[18], dans lequel je montre que la tragédie n'est pas un miroir de la cité, ou plutôt que si c'est un miroir de la cité, c'est un miroir brisé. Alors effectivement, en ce sens, c'est lié à mon expérience personnelle.

FS : *Je comprends.*

Permettez-moi de reprendre la phrase que vous avez écrite : « La tragédie athénienne, comme l'écrit Castoriadis, ne pouvait être créée que dans la cité où le processus démocratique, le procès d'auto-institution, atteignit son apogée. » Pourriez-vous approfondir cette notion de procès d'auto-institution ?

PV-N : C'est la notion centrale, en fait, de Castoriadis.

FS : *Absolument.*

Le temps a passé, la fin de ce dialogue est très proche. Permettez-moi de vous donner encore quelques pistes que je voulais parcourir avec vous et que, j'espère, je développerai une autre fois.

J'aurais aimé vous interroger sur l'opposition ou l'articulation que vous développez entre l'égalité et la liberté. J'aurais aimé aussi dialoguer avec vous sur ce que vous dites sur la démocratie instituante, notamment à partir des phrases qui constituent la fin de votre chapitre cinq : « N'enterrons pourtant pas Athènes sous les fleurs de la rhétorique nationale et internationale chaque fois que revient le débat sur la démocratie instituante. Pour la dernière fois, ce fut pendant le joli mois de mai 1968, c'est tout de même vers Athènes que l'on se tourne », et vous terminez en écrivant « avec espoir et illusion ». L'utilisation de ce mot « illusion » aurait pu nous ouvrir à de nombreuses réflexions : y a-t-il une politique sans illusion? L'illusion est-elle le pire danger de la politique ou bien sa condition indispensable? Doit-on dialectiser cette notion d'illusion?

Je m'arrêterai là, mais les problèmes demeurent; ils sont nombreux devant nous et votre réflexion pourrait nous aider.

Pour cela, il y a aussi vos livres.

Alors, avant de vous laisser lire votre texte final, j'aimerais faire ce que je ne fais pas d'habitude, à savoir indiquer quelques livres importants que vous avez publiés et qui permettent d'envisager de façon instructive et enrichissante de nouveaux problèmes dont nous parlerons, j'espère, lors de prochains dialogues avec vous. En effet, je crois que vous êtes connu pour votre engagement dans la cité et pour votre œuvre globale, mais que certains de vos livres apparemment destinés à des spécialistes peuvent nourrir de façon très positive le lecteur non-spécialiste : d'où ma volonté de les citer.

Je conseillerais à ceux qui ne vous connaissent pas vraiment de lire les deux tomes de Mémoires, *et tout particulièrement* La Brisure et l'Attente, *le premier tome dans lequel vous racontez d'ailleurs avec beaucoup de pudeur et beaucoup de délicatesse — même si c'est extrêmement bouleversant — la seconde guerre mondiale lors de laquelle vous avez vu partir vos parents; et vos parents ne sont pas revenus : ils sont morts en camp d'extermination.*

Je citerai aussi un petit livre qui est facile d'accès, Le Choix de l'histoire, *et puis un livre sur* Les Juifs, la mémoire et le présent[19]; *je rappellerai aussi votre livre sur* Les Assassins de la mémoire[20] *car il est problématiquement lié aux livres précédents. On aurait pu consacrer toute la soirée à la question de la mémoire, je voulais vous en parler, mais le temps, comme à son habitude, a passé.*

Encore quelques livres : Le Chasseur noir, *bien sûr, qui est tout à fait important, et* Face à la raison d'État[21]. *Il faudrait rappeler les livres sur la démocratie, et puis le livre dont vous nous avez parlé rapidement, parce qu'il est le travail d'une vie, votre livre sur l'Atlantide, que vous appelez* Petite histoire d'un mythe platonicien[22].

À vous, Monsieur, d'achever ce dialogue par la lecture d'un texte de vous; cette page sera commentée par le prochain invité, Georges Didi-Huberman, lors du onzième Dialogue, *le 23 novembre 2006. Elle est extraite des* Mémoires, *nous sommes à la page 290*[23].

PV-N : « Historien des Grecs, historien des crises et des crimes contemporains, je suis aussi devenu historien des Juifs, non pas double, simplement si j'ose dire, mais triple, et même quadruple, si on y ajoute cette autre dimension de mon travail, Histoire de l'Histoire. Ce n'est pas une situation facile à vivre, et j'essaye effectivement de la vivre dans toute sa complexité. Je ne suis assurément pas le premier à la connaître, et chacun s'en tire comme il peut, qu'il s'appelle Théodore Reinach, traducteur de Flavius Josèphe et historien de Mithridate, au début du siècle, ou plus près de nous, Arnaldo Momigliano, mort en 1987.

Entre Juifs et Grecs, n'existe-t-il pourtant pas une sorte de solidarité-rivalité, qu'Elias Bickerman, qui a vécu de 1897 à 1981, a exprimé en ces termes : "Les Juifs sont devenus le peuple du livre, quand ce livre a été traduit en grec." »

FS : Merci beaucoup, Monsieur.

Notes

1. Christine Buci-Glucksmann, philosophe, auteur de nombreux livres, notamment *Esthétique de l'éphémère*, Paris, Galilée, 2003
2. Pierre Lévêque, Pierre Vidal-Naquet, *Clisthène l'Athénien : essais sur la représentation de l'espace et du temps dans la pensée politique, de la fin du VIe siècle à la mort de Platon*, Annales littéraires de l'université de Besançon, Paris, Les Belles Lettres, 1964, réimp. : Paris, Macula, 1983.
3. *Le Monde d'Homère*, Paris, Perrin, 2000.
4. La coupe de Nestor est conservée au Musée archéologique de Pithecusae, situé à Lacco Ameno sur l'île d'Ischia.
5. *L'Affaire Audin*, Paris, Minuit, 1958.
6. Voir note 2.
7. Jean-Sylvain Bailly (1736-1793) a été membre de l'Académie des sciences puis de l'Académie française. Nommé maire de Paris après la prise de la Bastille, il a été arrêté en 1793 et guillotiné sur le Champ-de-Mars.
8. Pour retrouver les détails du projet de Jean Cuisenier, voir son site :
http://jean.cuisenier.online.fr/ulysse/index.html
9. *Errances méditerranéennes : le voyage d'Ulysse, Lapis Romae, Jérusalem et l'air*, texte de Maryline Desbiolles, Nice, Nice musées, 2000 [catalogue de l'exposition du Théâtre de la photographie et de l'image de Nice].
10. Primo Levi, *Si c'est un homme*, Paris, Julliard, 1987 (« Pocket ») [première parution en Italie : 1947].
11. Pierre Vidal-Naquet, *Le Choix de l'histoire : comment et pourquoi je suis devenu historien*, Paris, Arléa, [2003] 2006.
12. Arthur Butz, *The Hoax of the Twentieth Century : The Case Against the Presumed Extermination of European Jewry*, Torrance (Ca.), Institute for Historical Review, 1976.
13. L'historienne Danuta Czech a reconstitué le calendrier du camp d'Auschwitz pour la série *Hefte von Auschwitz*. Le

convoi dont fait partie Simone Veil est mentionné dans *Hefte von Auschwitz*, 7, 1964, p. 88.

14. François Ponchaud, *Cambodge, année zéro : document*, Paris, Julliard, 1977.
15. Pierre Vidal-Naquet, *Le Chasseur noir. Formes de pensée et formes de sociétés dans le monde grec*, Paris, François Maspéro, 1981, réimp. : Paris, La Découverte, 2004.
16. Édouard Will, *Korinthiaka : recherches sur l'histoire et la civilisation de Corinthe des origines aux guerres médiques*, Paris, E. de Boccard, 1955.
17. Édouard Will, *Histoire politique du monde hellénistique*, 1. *De la mort d'Alexandre aux avènements d'Antiochos III et de Philippe V*; 2. *Des avènements d'Antiochos III et de Philippe V à la fin des Lagides*, Nancy, Annales de l'Est, 1966-1967.
18. *Le Miroir brisé. Tragédie athénienne et politique*, Paris, Les Belles Lettres, 2002.
19. Pierre Vidal-Naquet, *Les Juifs, la mémoire et le présent*, Paris, François Maspéro, 1981, réimp. : Paris, Éditions du Seuil, 1995.
20. Pierre Vidal-Naquet, *Les Assassins de la mémoire. Un « Eichmann de papier » et autres essais sur le révisionnisme*, Paris, La Découverte, [1987] 2005.
21. Pierre Vidal-Naquet, *Face à la raison d'État : un historien dans la guerre d'Algérie*, Paris, La Découverte, 1989.
22. Pierre Vidal-Naquet, *L'Atlantide : petite histoire d'un mythe platonicien*, Paris, Les Belles Lettres, 2005, réimp. : Paris, Points-essais, 2007.
23. *Mémoires*, Paris, Éditions du Seuil / La Découverte, 1995, p. 290.

Humanité et histoire

Ce livre a deux raisons d'être : il rend compte d'un des derniers entretiens théoriques publics de Pierre Vidal-Naquet ; il permet de comprendre quel usage ce dernier, en tant qu'historien, pensait que l'on pouvait faire des images.

Toutefois le mot « image » en français a bien des significations : il signifie, entre autres, l'apparence d'une chose — et ce dans la mesure où l'apparence s'opposerait à la réalité et à sa représentation éprise de vérité. Comprenons donc comment l'histoire peut se distinguer de ce type d'images, dont les hommes sont pourtant fortement désireux, car tout est alors simplifié.

Rappelons d'abord comment et pourquoi il y eut ce *Dialogue*.

En effet, le 9 mai 2006, un dialogue public eut lieu entre lui et moi, dans le cadre des *Dialogues* organisés par Jean-Luc Monterosso et moi-même à la Maison européenne de la photographie.

Il est toujours utile et salutaire de dialoguer avec les historiens : ils nous permettent de relativiser — non pas de tomber dans le relativisme, mais de mettre des relations, des rapports, des liens, bref de ne pas être dans un désir d'absolu, d'*absolutus*, d'*absolvere*, de détachement, de séparation et d'achèvement; de l'absolu théorique à l'absolutisme pratique, il n'y a parfois qu'un pas. Qui mieux que Pierre Vidal-Naquet nous rappelle que le détachement et la séparation sont leurres, lui qui a réuni histoire ancienne et histoire du temps présent, interrogation sur les Grecs et interrogation sur les Juifs, histoire des événements et histoire de l'histoire, recherche théorique et engagement pratique, politique et citoyen? Avec lui, nous pouvons enrichir notre compréhension de l'image et des images; car aucune image n'est absolue, elle est relative à un créateur, à un contexte de production, à un réseau de communication et de distribution, à un horizon de réception, à un récepteur, etc. Bref une image est toujours historique : l'artiste le sait, le spécialiste d'esthétique ne doit pas l'oublier; le citoyen non plus; et l'historien peut en profiter pour mieux travailler, comme nous l'explique ici Pierre Vidal-Naquet.

Il était donc non seulement légitime, mais nécessaire de dialoguer avec Pierre Vidal-Naquet.

Et ce qui est émouvant et tragique, c'est que, après ce *Dialogue*, nous étions convenus de continuer à travailler ensemble. Or la vie en a décidé autrement : la vie, la mort, sa mort.

Il m'a donc semblé urgent de publier ce *Dialogue* pour honorer et remercier cet homme de qualité, cet homme humain.

Image et réalité

Les images semblent nourrir les hommes et donc aussi les historiens, et surtout les lecteurs d'études historiques qui recherchent parfois plus l'image simplifiée d'un événement que sa représentation complexe et (auto)critique, surtout si elle se reconnaît n'être qu'une simple représentation; Pierre Vidal-Naquet y fait allusion dans le *Dialogue.*

Mais pourquoi derrière la demande d'histoire y a-t-il souvent un désir d'image? Pourquoi l'histoire des histoires d'un événement est-elle l'histoire d'interprétations qui si souvent se veulent définitives et si souvent changent cependant, qui condamnent les autres histoires et se posent comme l'Histoire, qui accusent, en un même mouvement, historiens et acteurs de cet événement plus qu'elles ne l'expliquent. Et si un dire que l'on tient sur un événement passé nous parlait moins du passé que du présent-futur que l'on désire faire advenir et dans lequel on croit? Croyance plus que raison? Et si des dires sur cet événement étaient plus donateurs d'images que de réalités? Image contre réalité ? Et si un événement n'existait qu'en fonction des dires que l'on tient sur lui et des images qui accompagnent ces dires ?

Pour abandonner cette naïveté du « ça a été » — énoncé par Barthes pour la photographie [1], mais dont on peut retrouver la quête illusoire chez ceux qui attendent de l'histoire ce qu'elle ne peut donner —, du « ça a été comme ça et à cause de ça, c'est sûr et c'est simple » et pour accéder à une étude symptômale des dires, des images et des réalités, travaillons sur un exemple : la Révolution française ; examinons ces questions à partir de cet événement peu travaillé par Pierre Vidal-Naquet.

Il y a des liens dialectiques entre la Révolution et les histoires de la Révolution. Deux conséquences peuvent en être tirées.

La première est que la Révolution française ne nous est pas donnée dans sa pureté même, « en chair et en os », comme disait Husserl ; son analyse éidétique est interminable. L'histoire est en effet interminable, alors que le désir d'image est désir d'achèvement : « *absolutus* » ; Pierre Vidal-Naquet, mieux que tout autre, l'a montré par son travail d'une vie sur l'Atlantide. Nous ne pouvons connaître la Révolution française qu'à travers les grilles d'interprétation des histoires et ces grilles sont à la fois non supprimables et héritières d'une histoire. La Révolution française reste donc une « énigme intacte après deux cents ans de travaux

1. Cf. Roland Barthes, *La Chambre claire*, Paris, Cahiers du cinéma / Gallimard / Le Seuil, 1980.

et de débats destinés à en percer le mystère »[2] ; Furet et Ozouf ont raison de parler d'énigme et de mystère ; Vidal-Naquet aurait sûrement pu vouloir dire la même chose. Or, énigme et mystère — termes que René Char, grand acteur de l'Histoire pendant la Résistance affectionnait — font rêver, imaginer, mais aussi parfois délirer... Mieux, on ne peut pas penser la Révolution française sans ses interprétations, sans cette « vaste tradition de commentaires devenue inséparable de son objet »[3]. Nietzsche avait vu le vrai problème : le texte de la Révolution française est recouvert et ainsi structuré par les commentaires et les images ; l'histoire rigoureuse a alors ici pour concurrente, pour adversaire l'image. « Ignorer l'histoire de cette histoire, affirment Furet et Ozouf, ce serait effacer les paysages intellectuels traversés, méconnaître la sédimentation des problèmes. »[4] En effet, les problèmes que se posent les historiens dépendent peut-être moins de l'événement révolutionnaire que de la tradition historienne qui, en cherchant à le penser, a conditionné ses représentations possibles, son potentiel d'images. Faire de l'histoire, c'est donc à la fois viser une réalité et produire le cadre — artificiel — de ses représentations futures. Les réflexions épistémologiques de Bachelard sur la physique sont, *mutatis mutandis*, totalement énonçables pour l'histoire. Pierre Vidal-Naquet en

2. François Furet et Mona Ozouf, *Dictionnaire critique de la Révolution française*, Paris, Flammarion, 1988, p. 8.
3. *Ibid.*
4. *Ibid.*, p. 10.

tant qu'historien de l'histoire et en tant qu'historien d'une époque ou d'un événement nous l'a montré par sa méthode, sa prudence et sa rigueur.

La seconde conséquence est symétrique de la première : les histoires de la Révolution française ont été structurellement marquées, on pourrait dire contaminées, par la Révolution elle-même — entendons par là que les modalités mêmes de la manière de poser les questions ont été à la fois rendues possibles et délimitées par la Révolution française, en tout cas par une logique de la Révolution. Nous pouvons alors poser même l'hypothèse suivante : la Grande Peur a non seulement marqué de sa logique la Révolution française, mais aussi structuré dans son mode de fonctionnement les histoires de la Révolution. L'image l'aurait-elle emporté, dans ce cas, sur la possibilité d'une histoire critique ?

En effet, à partir du 20 juillet 1798, soit moins d'une semaine après la prise de la Bastille, la Grande Peur s'empare de la France avec rumeurs, paniques et excès. Cela se déroule en trois temps : d'abord, une peur naît, en rapport avec la situation réelle et les troubles effectifs. Puis, des récits travaillant fortement les imaginaires se mettent en place sans grand rapport avec une quelconque réalité ; ce n'est plus le réel qui fait effet, mais les images des dires sur le prétendu réel ; alors une interprétation autonome, c'est-à-dire coupée de ce réel, est mise en œuvre, véritable délire d'interprétation qui relève de la logique et du fonctionnement paranoïaques ; les récits se mettent à abonder et circuler, l'un sur la vengeance des privilégiés, l'autre sur l'action des mercenaires anglais, le troisième sur les brigands massacreurs et coupeurs de blé, etc. Bref la panique et le délire font voir des complots partout, d'autant mieux que, le principe du complot étant d'être secret, tout peut être interprété comme signe d'un complot possible. Le paradoxe est que ces images et ces récits, en se déployant, deviennent partie intégrante du réel et ont des effets de réel. Alors troisième temps de cette Grande Peur, le temps de l'action : on s'organise contre les ennemis — imaginaires —, ce qui fait à la fois se développer la confusion et naître la coalition anti-seigneur.

Or les historiens, pendant près d'un siècle et demi, au lieu de chercher à comprendre le fonctionnement de ce délire groupal, relaient, par leurs dires, la Grande Peur et la théorie du complot : un complot serait à l'origine de cette Grande Peur, il faudrait relever cette origine, pour les uns dans l'aristocratie qui désire punir dans le sang le soulèvement, pour d'autres dans l'Assemblée qui veut rallier le pays à sa cause, pour les troisièmes chez les agioteurs et affameurs du peuple, pour les quatrièmes dans les villes contre les campagnes, pour les cinquièmes chez les brigands, etc. Or la multiplicité d'interprétations historiques renforce chaque interprétation ou plutôt la pseudo-réalité de l'hypothèse du complot et la « logique » accusatrice historienne. En fait, les historiens n'ont fait qu'emboîter le pas des hommes victimes de cette Grande Peur, et cela sans distance, au lieu de s'interroger sur la possibilité — et ses conditions — d'une autonomie de ce phénomène collectif ; ils ont manqué de recul et ont ainsi manqué l'explication. Il a fallu attendre 1932 et le travail de Georges Lefebvre [5] pour arrêter ce délire interprétatif contaminant tout sur son passage : Lefebvre opère alors une révolution épistémologique. En effet le problème qui se pose à l'historien est celui de l'autodéploiement d'une rumeur, d'une panique, d'une peur groupale : pourquoi, à un moment donné, un groupe se met-il à délirer, et, plus que jamais, remplace-t-il la raison par l'imaginaire, la pensée par l'image, le raisonnement par la rationalisation au sens de Jones et de Freud, la conscience par l'inconscient, l'explication par l'accusation ? Ce problème se pose deux siècles plus tard pour expliquer les rumeurs courant décembre 1989 lors du putsch en Roumanie : la nomenklatura remplace les privilégiés, les mercenaires syriens et libyens les mercenaires anglais, la Securitate les brigands. En 1789 comme en 1989, si les rumeurs ont été reçues, c'est qu'elles permettaient de donner l'illusion de comprendre l'incompréhensible : la révolution. Toute révolution ne peut que s'accompagner d'images des dires sur elle.

Quand on ne peut expliquer, on accuse; quand on ne peut penser, on délire. « C'est si facile d'accuser le vent », écrit Salman Rushdie dans *La Honte* [6]; il en sait quelque chose, lui dont la tête fut mise à prix par le chef d'une autre révolution. « C'est la faute à Voltaire, C'est la faute à Rousseau », chante Gavroche dans *Les Misérables* : des historiens

5. *La Grande Peur*, Paris, Armand Colin, 1932.
6. Paris, Stock, Nouveau cabinet cosmopolite, 1984, p. 157.

— mais étaient-ils véritablement historiens? — accusèrent aussi ces écrivains d'être responsables de la Révolution. Accusation et faute, deux manières d'appréhender le passé qui hantent des dires d'historiens. Car, enfin, si depuis plus de deux siècles à propos de la Révolution française il y a polémique et dogmatisme, s'il y a difficulté à faire histoire et science, c'est bien parce que souvent on cherche plus à accuser qu'à expliquer, en tout cas que l'objectivité est souvent en dernière instance oubliée : on recherche ce que l'on croit avoir déjà trouvé; on ne cherche pas à comprendre une complexité, on cherche à confirmer une conviction et une image simplificatrice. Ainsi chacun peut avancer sur le théâtre des dires et des images et faire sa révolution dans l'interprétation, condamner ce qui fut adoré, et se poser avec naïveté en maître de vérité de la Révolution française. L'historien risque alors d'être dogmatique dans le récit historique par fascination inconsciente du dogmatisme régnant dans la réalité historique : les mots remplacent les actes, mais la volonté de *tabula rasa* reste la même.

Il y a en fait deux symptômes du remplacement de la raison par l'imaginaire : la Grande Peur et la création de nouvelles religions. Mathiez et Vovelle [7] ont bien montré que la religion a joué un rôle certain dans la Révolution française. En effet, un peuple,

7. Albert Mathiez, *Les Origines des cultes révolutionnaires (1789-1792)*, Paris, 1904.
Michel Vovelle, *Religion et Révolution. La déchristianisation de l'an II*, Paris, Hachette, 1976.

un pays, voire une nation peuvent-ils se passer de religion, tant comme vecteur d'enthousiasme et opérateur d'imaginaire que comme outil d'interprétation de la réalité ? Rousseau avait senti la nécessité de cette réalité sociale dans le dernier chapitre du *Contrat social* intitulé « De la religion civile ». Sous l'Ancien Régime, le peuple français avait le christianisme pour expliquer ce qui lui paraissait miraculeux : le christianisme, une fois critiqué, devait être remplacé par autre chose : cela se fit dans deux directions; d'une part par la mise en œuvre de religions de substitution — culte de la Raison, culte de l'Être Suprême, théophilanthropie —, d'autre part par l'appréhension de l'élan révolutionnaire comme religion, ainsi que l'a affirmé Michelet. Bref il fallait, pour reprendre la formule de Robespierre, « inspirer à l'homme un respect religieux pour l'homme ». C'est aussi cette logique et cet enthousiasme religieux qui ont infesté certaines des premières histoires de la Révolution française; on en retrouve des scories jusque dans les polémiques affectives contemporaines sur la Révolution; là encore, les images recouvrent l'événement.

L'impensable

En 1789, les hommes sont confrontés à l'impensable; pourtant, ils sont sommés de penser; c'est l'écart entre cette sommation et cette impossibilité qui est la raison du problème et à l'origine des problèmes de l'histoire des histoires de la Révolution. En effet, pour ces hommes de 1789, il faut comprendre : comprendre le bouleversement qui s'opère sous leurs yeux, comprendre la causalité historique, comprendre le lien entre leur action individuelle et le mouvement de l'histoire universelle ; bref, il leur faut une philosophie de l'histoire, la théologie de l'histoire étant devenue caduque et impossible.

Toute pratique a besoin d'un dire fondateur, régulateur ou explicateur ; tout dire a besoin d'une référence, d'un modèle ; faute de modèle, les hommes passent à l'image, aux images des dires. Or quand il y a Révolution, il y a problème, car risque de sombrer dans ces images : en effet, c'est la réalité de la Révolution et le concept de Révolution qui font qu'il y a problème : « la diversité de l'événement déborde l'unité du concept », écrivent Furet et Ozouf[8]. Ainsi les hommes sont confrontés à de l'imprévu et de l'imprévisible, à de l'impensé et de l'impensable, à de l'incomparé et de l'incomparable, à de l'inattendu et de l'inentendu, à de l'inouï et de l'ineffable ; ils ont, face à eux, l'événement, le nouveau, l'altérité ; de façon à la fois inassimilable et incontournable, de façon d'autant plus incontournable qu'ils en sont les acteurs obligés à défaut d'en être les auteurs maîtrisants. La Révolution, c'est du hors-champ qui rentre dans le film qu'est l'histoire des hommes. La Révolution comme hors-temps, Michelet l'affirme : « le temps n'existait plus, le temps avait péri » ; c'est la coupure absolue, le commencement absolu, cassure qui n'a

8. *Op. cit.*, p. 12.

symboliquement et ontologiquement d'équivalent que dans la séparation du temps en deux avec le Christ : le couple Ancien et Nouveau Testament est remplacé par le couple Ancien et Nouveau Régime. La Révolution comme hors-modèle, Rabaud Saint-Étienne le dit haut et fort : « Nation française, vous n'êtes pas faite pour recevoir l'exemple, mais pour le donner » ; Saint-Just le clame aussi : « tout doit être permis à ceux qui vont dans la direction de la Révolution » ; la Révolution sans référence devient *La* Référence qui fonde tous les possibles et toutes les permissions. La Révolution comme hors-loi, Robespierre le confirme : « vouliez-vous une Révolution sans Révolution ? » ; la Révolution échappe à toute normalisation d'action et de représentation. La Révolution comme hors-maître, Saint-Just le proclame : « on parle de la hauteur de la Révolution. Qui la fixera, cette hauteur ? » La Révolution est immaîtrisable et imprévisible dans son essence même ; elle est par là inachevable. Bref, la Révolution, c'est l'événement par excellence et conséquemment la contingence même. « Tout ce qui est historique est contingent, car justement par le fait que cela arrive, que cela devient historique, cela reçoit son moment de contingence, car la contingence est précisément le seul facteur de tout ce qui devient », écrit Kierkegaard[9]. La révolution est donc le paradigme même de l'Histoire, donc de la liberté et de ce qui résiste à la pensée réductrice

9. *Post-scriptum*, IIe partie, 1re section, ch. 2, 3, trad. P. Petit, Paris, Gallimard.

et même tout simplement explicative. C'est pourquoi elle fascine et fait image.

Nous comprenons donc que ce problème consistant dans la difficulté de penser la Révolution est le paradigme à la fois du problème en histoire de tout événement et du problème en philosophie de la chose en soi ou de la réalité — que ce soit, chez Platon, Kant, Husserl, Lacan ou Vidal-Naquet. En fait, c'est le problème cher à ce dernier : celui de la représentation et donc de ses rapports avec d'un côté la réalité, le réel ou la chose et de l'autre le dire et les images. Face à cet impensable qui résiste, le philosophe, l'historien, l'homme de 89 se mettent à penser, oscillant entre le risque du délire et le risque de silence.

Cependant une double remarque sur la notion même d'événement peut être mise en œuvre : d'un côté celle du philosophe Cournot qui dans son *Traité de l'enchaînement des idées fondamentales* de 1861 distingue les causes d'un événement, c'est-à-dire les antécédents immédiats chronologiquement, des raisons de cet événement, donc ses origines profondes ; et de l'autre celle de l'historien Lucien Febvre qui à son tour distingue l'événement et le fait historique « construit » par l'historien. Ainsi la notion même d'événement est au cœur d'une interrogation sur l'Histoire et sur la réalité passée dont nous pouvons avoir des images non-critiques ou bien des représentations critiques — la distinction n'étant ni simple ni automatique ; cette notion d'événement joue un rôle certain aussi bien pour la philosophie que pour l'histoire, même celle des Annales. N'est-ce pas un événement que le jeune Vidal-Naquet essaie d'ailleurs de comprendre avec la disparition de Maurice Audin? Car, derrière l'événement, il y a d'une part le tout politique, économique, culturel et social que des images parfois travestissent, d'autre part l'humanité des hommes.

Histoire et sens

La longue histoire des histoires sans cesse nouvelles de la Révolution, les dogmatismes, les délires d'interprétation qui hantent les dires de certains raconteurs d'histoires et les difficultés à penser l'impensable qui s'incarne dans l'événement-Révolution nous obligent-ils à poser que l'histoire est impossible ou bien au contraire à chercher dans une philosophie de l'Histoire une aide effective et nécessaire?

Une première tentative aurait tendance, après un passage par le relativisme, à nous plonger dans le scepticisme. L'histoire, au lieu d'être une science, ne serait qu'une idéologie, au sens althussérien du terme, c'est-à-dire « un système (possédant sa logique et sa rigueur propres) de représentations (images, mythes, idées ou concepts, selon les cas) doué d'une existence et d'un rôle historiques au sein d'une société donnée. [...] (Elle) se distingue de la science en ce que sa fonction pratico-sociale l'emporte en elle sur la fonction théorique (ou fonction de connaissance) »[10]. Dans ce cas, l'histoire

10. Louis Althusser, *Pour Marx*, Paris, Maspéro, 1967, p. 238.

produirait des images du monde, bref raconterait des histoires ; elle révélerait plus le présent qui l'accoucherait que le passé qu'elle prétendrait viser. Cette caractérisation permettrait de ne négliger ni sa fonction de connaissance — elle ne serait ni pure invention, ni pur délire —, ni ses fonctions pratiques, sociales et politiques — elle aurait des effets régulateurs et incitateurs sur le corps social —, ni sa nature — elle représenterait le passé en utilisant dires, idées, images et mythes, ce qui générerait la confusion et développerait son aspect mythologique ; les images et les semblants, les simulacres et les apparences y joueraient alors un rôle certain.

En fait, le projet de l'historien serait symétrique de celui de prophète, habités tous les deux par le même problème — comment penser l'impensable ? —, la même démarche — sortir du présent, l'un pour aller vers le passé, l'autre vers le futur — et les mêmes illusions — la représentation prise pour la réalité même. Sur ce point, Kierkegaard et Cournot ont fait des remarques étonnamment convergentes : « Vouloir prédire l'avenir (prophétiser) et vouloir entendre la nécessité du passé sont une seule et même chose, écrit Kierkegaard, et ce n'est qu'une affaire de mode si telle génération trouve l'un plus plausible que l'autre. »[11] Pour Cournot, « qu'il s'agisse de la prévision de l'avenir ou de l'explication du passé, les limites du pouvoir de la raison sont les mêmes, d'où le nom de prophète du passé donné en ce sens à l'historien ; nous

11. *Riens philosophiques*, trad. K. Ferlov et J.-J. Gateau, Paris, Gallimard, 1973, p. 159.

pouvons dans beaucoup de cas dire en gros ce qui doit arriver, comme ce qui a dû arriver ; pousser la prévision ou l'explication théorique jusqu'à certains détails livrés à l'empire des causes fortuites est une chimère »[12]. Cette symétrie permet alors aux critiques de l'histoire de se développer ; elle ne serait pas ce qui représente la réalité passée, mais ce qui l'imagine et la rêve. Pour Cournot, en effet, « de siècle en siècle, l'histoire des temps passés est reprise, remaniée, refondue, appropriée aux idées et aux vues des générations nouvelles »[13]. Ainsi, l'histoire ne serait qu'un dire sur le passé au service d'un présent d'une société donnée. D'où la pluralité, sans cesse changeante, des histoires de la Révolution, chacune servant les images, les rêves ou les délires d'une classe ou plusieurs classes sociales données à un moment donné.

Bien des historiens, Vidal-Naquet en premier, refuseraient ce relativisme : ce dernier se battait pour la recherche de la vérité et non pour la production d'une idéologie au service d'un groupe préexistant. En d'autres termes, oui ou non, Maurice Audin avait-il été torturé et exécuté ? tel était le problème crucial de Vidal-Naquet. Pourtant on ne peut, d'un revers de main, rejeter les critiques qui montrent l'enracinement historique et même idéologique des travaux historiques ; pourquoi l'histoire échapperait-elle à l'Histoire ?

12. *Traité de l'enchainement des idées fondamentales dans les sciences et dans l'histoire*, Paris, Hachette, 1922, p. 611.
13. *Des institutions d'instruction publique en France*, Paris, Hachette, 1964, p. 80.

C'est alors qu'une certaine philosophie de l'Histoire peut avoir son intérêt comme horizon donateur de sens, mieux donateur d'exigence de sens : le sens exigé ne se contente pas de la satisfaction simpliste de l'image et de l'idéologie.

Nous sommes donc face à plusieurs faits : d'abord une histoire scientifique achevée et définitive est impossible; ensuite une histoire interprétative et délirante est inacceptable et représente toujours un risque; enfin l'histoire semble être une nécessité pour les hommes — ces derniers ne peuvent se passer d'histoire parce qu'ils sont des êtres du langage et parce qu'ils ont une exigence de sens inscrite en eux; comment faire pour que cette exigence ne les conduise pas au délire, mais leur indique un horizon vers lequel se diriger pour comprendre un peu moins mal une partie de leur histoire et de l'histoire des hommes?

Plusieurs nécessités apparaissent alors : d'abord, il faut être toujours critique face à tout dérapage de l'histoire; la critique sera interne et externe, et elle portera, entre autres, sur l'historien lui-même au premier chef : critique interne, pour celui qui fait de la recherche historique — il se donnera des garde-fous méthodologiques pour éviter de sombrer dans le délire rationalisé ou dans la croyance que son unique faisceau d'hypothèses peut tout expliquer, comme si la pluralité des points de vue n'était pas enrichissement, comme si leur articulation n'était pas un gain; critique externe, pour celui qui lit et étudie l'histoire — il adoptera le doute méthodique et confrontera différents points de vue divergents.

Ensuite, il semble non seulement qu'une méthodologie et une épistémologie de l'histoire sont indispensables, mais encore qu'une philosophie de l'histoire est nécessaire. Cette dernière devra donner du sens ou au moins s'interroger à son sujet : du sens, c'est-à-dire à la fois une direction et une signification. Donner du sens à l'histoire, non pour la faire basculer dans une idéologie ou un prophétisme religieux ou laïc, mais pour la confronter au problème du vrai — Vidal-Naquet insiste beaucoup sur ce point, et ce avec un humour sur lui-même qui est assez rare chez des intellectuels — et à la réalité du juste. La philosophie de l'histoire dessinera un horizon vers lequel l'histoire devra se diriger et une exigence qui devra l'habiter : exigence de vérité quant au savoir et à la représentation, et corrélativement exigence d'éthique quant à la construction, à la réalisation et à la transmission de cette part de représentation vraie, c'est-à-dire rendant compte en partie de la réalité et, si possible, mieux que les représentations existant auparavant. L'histoire s'affirmera alors, comme son étymologie l'indique, en tant qu'enquête et recherche ; mieux l'histoire sera enquête critique et autocritique ; à la limite, on pourra parler d'histoire négative, comme on parle de théologie négative. En outre, on ne pourra dissocier un résultat de la méthode qui l'a rendu possible.

Raymond Aron dans la *Dimension de la conscience historique*, a, avec justesse et profondeur, redonné un sens à la philosophie de l'histoire : « Vouloir que l'Histoire ait un sens, c'est inviter l'homme à maîtriser sa nature et à rendre conforme à la raison l'ordre de la vie en commun. Prétendre connaître à l'avance le sens ultime et les voies du salut, c'est substituer des mythologies historiques au procès ingrat du savoir et de l'action. L'homme aliène son humanité et s'il renonce à chercher et s'il s'imagine avoir le dernier mot. »[14] Une philosophie de l'histoire est donc une nécessité pour l'histoire elle-même ; elle seule peut la fonder et lui éviter d'être prise dans les filets dangereux des mythologies et des images ; certes, la méthodologie et l'épistémologie de l'histoire sont aussi nécessaires, mais, seules, elles ne sont pas suffisantes : les enjeux sont trop importants : il en va de l'humanité : le terrible XXe siècle en est la preuve et l'épreuve. Cela est une nécessité non seulement pour le savant historien, mais pour l'homme humain, pour tous les hommes afin qu'ils installent leur pratique dans l'horizon d'un sens critique à construire.

Pierre Vidal-Naquet, à sa manière, nous a montré le chemin.

Écoutons-le dans ce *Dialogue.*

François Soulages
Venise-Paris, été 2007

14. Paris, Plon, 1964, p. 45.

Les rencontres de la mep

Depuis janvier 2004, quatre fois par an, la Maison européenne de la photographie et son directeur Jean-Luc Monterosso organisent un *Dialogue* entre François Soulages, philosophe, et une personnalité — penseur, philosophe, historien, spécialiste des sciences humaines et sociales, psychanalyste, écrivain, artiste...

Cette collection, « Les rencontres de la mep », a pour ambition de *restituer ces Dialogues.* Avec ces livres, le lecteur peut retrouver la voix des deux interlocuteurs, leurs paroles dans leur matérialité même avec leurs hésitations et leurs envolées. Face à un public absolument silencieux plongé dans le noir, ces *Dialogues* de près de deux heures permettent à la fois d'*entendre une pensée à l'œuvre* et de *comprendre l'itinéraire personnel et intellectuel* d'une femme ou d'un homme connu pour son œuvre et son action. Ce sont ces dialogues « en chair et en os » que cette collection veut donner à partager : dialogues vivants et pensées vivantes au risque de l'enregistrement, au risque de la non-maîtrise. Émotion de la retranscription.

S'immerger dans ces *Dialogues* est l'occasion de découvrir de nouveaux points de vue sur une œuvre, mieux, l'occasion de vouloir la (re)lire.

Pour comprendre ces *Dialogues*, il n'est pas inutile de se souvenir du dispositif inventé par *Socrate* : travail de la raison et de l'altérité, travail de la raison grâce à l'altérité, et réciproquement.

L'intérêt d'un tel dispositif est aussi de permettre d'entendre ce qui ne se dit, ni ne se vit que dans un dialogue : dialogue entre deux personnes; alors, pour un court moment, elles créent *un lieu et un temps d'interrogation* : il suffit d'articuler écoute, regard et parole.

Écouter, c'est-à-dire à la fois être à l'écoute des êtres, des textes, des phrases, des mots, des silences et méditer sur des images, des créations, des œuvres. Entendre et comprendre le non-sens et le sens en train de s'interroger, de se faire, de se défaire.

Regarder les êtres et le monde, les images et les mots. Mais sans les garder comme des gardiens.

Parler, non pas prendre la parole, mais plutôt essayer de risquer la parole. Parler après l'autre, face à l'autre : pour que l'autre parle, pour que l'interrogation s'élève, élève. Devenir l'élève du dialogue.

Pour ce faire, il faut prendre son temps, accueillir son temps et alors créer son rythme : donner son temps et se donner au temps.

Non pas retrouver des réponses anciennes, mais découvrir des questions neuves. *Pour le futur.*

Cette collection veut aussi *questionner* la réflexion, la création et l'image — à la fois les images matérielles, relevant ou non de l'art et les images immatérielles —, *se demander pourquoi* les êtres humains ont un tel besoin d'image et de création et *s'interroger* pour savoir si les hommes sont vraiment habités par un désir de réflexion et par un amour de la sagesse.

Ainsi sont *éclairés* concrètement à la fois une œuvre et un être, une conception et une sensibilité, une assurance et une fragilité. Articulation d'un désir d'image, d'un désir de création et d'un désir de réflexion, articulation périlleuse et problématique de trois *libidos*.

Avec comme *enjeux* les êtres humains et leurs rapports avec eux-mêmes, avec les autres, avec les œuvres, avec le monde. Tout homme en a fait l'expérience et l'épreuve.

Jean-Luc Monterosso
et François Soulages
directeurs de la collection
« Les rencontres de la mep »

Table des matières

Pierre Vidal-Naquet : *Les images de l'historien*
Dialogue avec François Soulages 7

François Soulages : *Humanité et histoire* 65

Les rencontres de la mep 84

Ce volume, le premier de la collection
« Les rencontres de la mep »,
publié aux éditions Klincksieck
a été achevé d'imprimer en septembre 2007
sur les presses de l'imprimerie IDG,
52200 Langres-Saints-Geosmes.

n° d'imprimeur : 6865
Dépôt légal : septembre 2007
Imprimé en France